INVENTAIRE
V 32234

BIBLIOTHÈQUE
DE LA MAITRESSE DE MAISON

LE LIVRE
DE
LA PARFUMERIE
DE FAMILLE

PARIS
CH. PLOCHE, LIBRAIRE-ÉDITEUR
, place de la Bourse, 5.

LE LIVRE

DE LA

PARFUMERIE

DE FAMILLE.

Paris.—Imprimerie Bonaventure et Ducessois
55, quai des Augustins.

LE LIVRE

DE LA

PARFUMERIE

DE FAMILLE

PAR

EUGÈNE WŒYSTEIN.

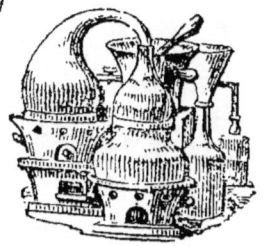

PARIS

CH. PLOCHE, LIBRAIRE ÉDITEUR,

5, place de la Bourse.

1852

LE LIVRE

DE LA

PARFUMERIE

DE FAMILLE.

Si vous le voulez bien, Mesdames, nous commencerons ce volume par nous occuper du *Moulin de la vie*, ainsi qu'appelait les dents un dentiste de l'ère impériale, le docte M. Lemaire, auteur du *Dentiste des Dames*.

Mas vale un diente qu'un diamante! (une dent vaut mieux qu'un diamant!)

Nous sommes tout à fait de l'avis du poëte espagnol, et ce n'est pas vous qui nous contredirez, n'est-ce pas? Mesdames, vous si jalouses des perles précieuses qui font vos sourires si charmants.

Ovide, dans son *Art d'aimer*, a écrit ces recommandations qu'une femme doit toujours avoir à la mémoire :

« Que votre bouche soit toujours propre, vos dents blanches et nettes; ne laissez jamais ternir leur émail. »

Enfin Jean-Jacques a écrit cet aphorisme :

« Il n'est point de vilaine femme avec de belles dents. »

Maintenant écoutez M. Lemaire ; il va vous enseigner les moyens de conserver la beauté de vos dents :

Quelles parties de notre frêle et admirable machine méritent plus de soin que les dents? Ne sont-elles pas, comme je l'ai dit, le moulin de la vie? Or, sans elles point de mastication facile, point de bonnes digestions, point de santé, et sans elles point de ce seul et vrai bonheur qui puisse appartenir à l'homme dans quelque condition qu'il soit. Il n'y a rien de minutieux lorsqu'il s'agit d'éviter de les perdre. Il faut donc tous les matins en se levant se gratter la langue et se nettoyer les dents avec une brosse qui ne soit ni trop rude ni trop douce, parceque l'une pourrait irriter les gencives et l'autre ne servir à rien.

Il faut aussi après le repas passer entre toutes les dents, avec beaucoup d'attention, le cure-dent de plume [1], et se rincer la bouche avec de l'eau tiède en hiver et de la froide en été.

Si je prescris le cure-dent de plume, c'est qu'il est préférable à tous les autres, qui peuvent être nui-

---

[1] Le poëte Martial dit que, si on ne peut pas se servir du lentique, arbrisseau odoriférant dont les branches pour faire des cure-dents étaient très en usage dans l'antiquité, et encore aujourd'hui en Espagne, on doit se curer les dents avec une plume. Je n'ai pas besoin de dire qu'il est de la bienséance de ne pas se nettoyer les dents en société, comme on pourrait le reprocher à certains hommes qui croient se donner sans doute un petit air de négligence en ayant sans cesse le cure-dent entre les lèvres.

sibles. Que de femmes cependant ne se servent communément que d'aiguilles ou que d'épingles dont la forme ronde empêche de les passer facilement entre les dents, et avec lesquelles on peut se blesser en ne pouvant plus les en arracher lorsqu'on les a introduites ! avec force Ce sont toujours des instruments dangereux auxquels il est pourtant bien facile de suppléer, et qu'ont toujours proscrits les gens de l'art et les amateurs scrupuleux de la conservation de leur dents. Combien de femmes trouvent plus commode et plus prompt de couper aussi leur fil avec les incisives ! ce qui peut les fêler, les ébranler, y causer une irritation qui devient souvent la cause d'une carie ou de douleurs.

Les jeunes personnes qui ne sont pas sujettes à avoir beaucoup de limon sur les dents se serviront simplement d'eau tiède, et, quand elles le pourront, avec leur brosse. Celles dont les dents se salissent facilement se serviront une fois par semaine de poudre qu'il est bon qu'elles ne prennent pas ailleurs que chez le dentiste auquel elles ont accordé leur confiance ; car les annonces de poudre à blanchir les dents sont si multipliées, qu'il ne serait pas étonnant d'en voir débiter même par les *artistes* décrotteurs, il faut que chacun fasse son métier. Les parfumeurs, dont la boutique est souvent visitée par celles pour lesquelles la toilette est une des choses les plus importantes de la vie, ne sont pas pharmaciens, et en cela ne méritent aucune confiance pour tout ce qui regarde l'entretien de la bouche, à moins qu'ils n'aient chez eux des dépôts d'opiats et de poudres préparés par des dentistes connus; car les parfumeurs peuvent employer des ingrédients nuisibles, et, pour peu que leur préparation blanchisse les dents, cela leur suffit, car ils s'inquiètent fort peu des suites de l'emploi inconsidéré qu'on en peut faire. Eh! n'est-il pas très-important pour un bon dentiste d'avoir chez lui les élixirs et les poudres dentifrices composés d'ingrédients salutaires et jamais dangereux? Pourquoi donc s'adresser à des gens qui n'ont pas les connaissances nécessaires et ne sont que des marchands peu dignes de confiance quant à ce qui regarde la partie dont il est ici question.

Il est à remarquer que beaucoup de personnes se sont créé un dentifrice à leur fantaisie. On aura cru voir des forgerons, des charbonniers, des ramoneurs avoir les dents beaucoup plus blanches que les autres, parce que nécessairement leurs figures, noircies par la fumée, le charbon ou la suie, produisent cette illusion en faisant ressortir davantage la blancheur de leurs dents, comme elles font ressortir d'une manière plus frappante le blanc des yeux (les Nègres offrent la même remarque à faire) : alors on aura cru bon d'imaginer de pulvériser du mâchefer, du charbon, et même de la suie, pour se blanchir les dents; mais toutes ces poudres, qui blanchissent en apparence les dents de ces hommes dont nous venons de parler, sont répugnantes et ne servent qu'à détruire le goût de la propreté.

Plusieurs emploient aussi le pain brûlé réduit en poudre, le tabac, etc. Pourquoi n'en verrait-on pas pousser la bizarrerie jusqu'à employer d'autres moyens bien plus dégoûtants? Une demoiselle de la cour, dont parle B. Martin dans son Traité des dents, ne croyait-elle pas devoir la blancheur des siennes, dont elle était orgueilleuse, à l'usage d'un dentifrice que l'excès de la coquetterie ou la plus extravagante originalité avait pu seule inventer? Chose incroyable et pourtant attestée! c'étaient, oui, c'étaient des crottes de chat sauvage.

L'usage du tabac n'est pas du moins si révoltant; mais il jaunit à la longue tellement les dents, qu'il est impossible de leur rendre jamais leur blancheur. Voyez tous ceux qui chiquent ou qui fument ils ont les dents couleur de suie. N'est-il pas plus convenable de se servir des choses qui tout-à-la-fois sont utiles et agréables? Il ne faut rien faire aux dents au-delà de ce qu'exige la propreté. Si elles ne sont pas naturellement très-blanches, croyez que vous ne forcerez pas la nature, et que vous ne ferez pas de l'albâtre blanc avec de l'albâtre gris. Ayez soin de vos dents, mais ne tentez pas d'aller au-delà de ce qu'elles sont par leur nature : ce serait indiscrètement porter atteinte à cet organe; en tout, dit le sage, il ne faut rien outrer. Évitez surtout les acides : les femmes principalement, qui dans leur jeunesse aiment les fruits verts, doivent éviter de s'agacer les dents en en mangeant. Agacer ses dents c'est se donner une souffrance : il est si facile de ne pas s'y exposer!

L'oseille, le jus de citron, le vinaigre, la crème de tartre et toute espèce d'acide minéral doivent être proscrits, parce qu'il corrodent et calcinent même les dents, les rendent jaunâtres sans qu'on puisse y remédier; et, de plus, en perdant leur poli, il est à craindre qu'elles ne deviennent noires. N'a-t-on pas vu des charlatans annoncer qu'ils pouvaient, avec une eau de leur invention, rendre les dents très-blanches sans le secours des dentistes, et des gens assez simples pour confier leur bouche à ces destructeurs effrontés dont on ne peut plus réparer le mal qu'ils ont fait, mal que jamais l'instrument le plus tranchant, manié avec adresse, n'a produit? La vertu absorbante, dessiccative, astringente des acides agit sur les gencives, en resserre les fibres délicates, et détruit cette sertissure admirable qui rend les dents plus solides.

Il faut se faire visiter la bouche au moins une fois par an dans la belle saison; et pour peu qu'on ait le moindre soupçon qu'une dent soit tachée, il faut sans retard la faire isoler des voisines, et n'y jamais laisser s'éjourner d'aliments : c'est pourquoi je recommande le cure-dent de plume, dont on doit faire le plus fréquent usage; car il n'est pas d'agents plus corrosifs, plus nuisibles aux dents que les aliments qui, introduits dans l'interstice des gencives, s'y corrompent bientôt et acquièrent ainsi une acide activité pestilentielle et surtout destructive. J'ai si souvent l'occasion de faire cette observation, que je peux en conclure et certifier qu'une grande partie des maladies internes ensemble ne détruisent pas autant de dents que la négligence et la mal propreté en détruisent dans six mois.

Je finirai ce chapitre par une observation nécessaire.

On ne doit jamais boire froid subitement après avoir mangé chaud, et, qui plus est, on ne doit jamais manger trop chaud : il n'est rien de si contraire aux dents. La preuve c'est que dans le nord où l'on prend beaucoup de thé ou de café, les jeunes personnes n'ont plus de dents à 25 ans. En Espagne, c'est la même chose. On ne peut l'attribuer qu'au chocolat qu'on prend bouillant, et sur-le-champ de l'eau à la glace. Il est très-facile de concevoir que ce fatal contraste ne peut être que funeste. Il existe aussi un vieil adage qu'on répète chaque jour, et dont beaucoup de personnes se sont malheureusement fait une loi. *Prendre*, dit-on, *un verre de vin après la soupe, c'est prendre un écu dans la bourse de son médecin.* Un de nos confrères, M. Gariot, a dit avec raison que *c'était mettre six francs dans celle de son dentiste.*

Dans les beaux jours du printemps, encore plus dans ceux de l'été, on aime, lorsqu'on est à la promenade, à se reposer sur le gazon, qui semble vous y inviter. Mais ce tapis vert offert par la nature est souvent pernicieux, surtout lorsqu'on est en sueur. Il est donc nécessaire de l'éviter, parce que son humidité, dont on ne s'aperçoit que lorsqu'on se lève, donne pour l'ordinaire de fortes douleurs de mâchoire qui pendant quelques jours vous empêchent de mâcher les aliments les plus faciles à broyer. Il résulte de cette difficulté que les dents se chargent de limon; et comme en raison de leur grande sensibilité on ne peut les nettoyer, plusieurs se carient, et il faut en venir à l'extraction. Il est prudent de ne pas non plus se promener, surtout le matin et le soir, près des eaux stagnantes, et de ne pas se tenir longtemps sous les grands arbres le soir la tête nue et même trop légèrement vêtu, comme il arrive surtout aux dames dans les belles soirées d'été. Elles doivent aussi préférer les bancs de bois ou les chaises aux bancs de marbre et de pierre, dont la fraîcheur leur occasionne des maux pires que des douleurs de dents.

M. O. Raveau a traité le même sujet d'une façon tout-à-fait magistrale.

Des soins journaliers qu'exige l'entretien des dents, et de la nécessité de faire sentir de bonne heure leur importance aux jeunes gens.

Quelque heureux résultat que puisse avoir sur la conservation des dents le soin qu'on aura pris de ne choisir que des aliments convenables et de soustraire sa bouche à l'action de tout air qui n'aurait pas les qualités requises, l'espoir de conserver longtemps ces précieux organes serait encore chimérique si on dédaignait de se soumettre à certaines précautions locales, dont nous avons déjà établi plus d'une fois ailleurs l'indispensable nécessité.

Ces précautions forment ce qu'on nomme communément les soins de propreté de la bouche. Elles semblent en général d'une exécution si simple et si facile, que quelques personnes pourraient penser au premier abord que je devrais m'en tenir ici à faire ressortir leur nécessité et passer légèrement sur leur description. Mais je suis tellement convaincu que parmi les personnes qui tiennent le plus à la bonté et à la blancheur de leurs dents, il n'en est qu'un très-petit nombre qui ne commette de fréquentes erreurs dans les règles suivant lesquelles doit être dirigé tout ce qui constitue ces soins journaliers, que je me fais un devoir de n'omettre aucun des détails, même les plus minutieux, que leur examen réclame.

Le premier de tous les soins journaliers qu'exige la conservation des dents, c'est de se rincer la bouche immédiatement en sortant du lit et avec de l'eau à une température de 8 à 10 degrés. Cette précaution n'est point à négliger ; car il est évident que si on se sert de suite d'une brosse ou de tout autre corps, on promène sur les dents et sur les gencives les mucosités dont la bouche s'est enduite pendant la nuit, et qu'on parvient ainsi plus difficilement au but qu'on se propose.

L'eau pure suffit ordinairement à cet effet, mais les personnes dont l'haleine serait forte, ou qui auraient les gencives blafardes et molles, feront bien d'y ajouter quelques gouttes d'une eau-de-vie légère ou d'une eau de Cologne préparée par un pharmacien habile, et non pas de celle qui recèle quelques substances nuisibles comme on ne l'achète que trop souvent chez les personnes étrangères à l'art du parfumeur.

On fait ensuite usage d'une poudre dentifrice quelconque, dont on frotte légèrement dans tous les sens avec un corps humide, doux et flexible, non-seulement les dents, mais encore les gencives. Mais sur quel corps faut-il appliquer cette poudre? Faut-il donner la préférence à une brosse, à une éponge fine ou bien même au doigt muni d'un morceau de drap? L'usage s'est à cet égard entièrement prononcé en faveur de la brosse, et Fauchard, l'Hippocrate de la médecine dentaire, reviendrait assurément de l'opinion défavorable qu'il avait des brosses de crin, en voyant avec quelle facilité on peut aujourd'hui s'en procurer d'une extrême finesse.

L'éponge, dont Fauchard préconise les avantages, a d'ailleurs l'inconvénient de produire en passant sur les dents une sensation fort désagréable, surtout pour les personnes qui, à la suite de quelque accident ou de quelque opération, ont des dents privées d'une partie de leur émail. Ensuite la brosse a l'avantage de pouvoir être dirigée sur les côtés des dents et de les frotter ainsi dans tous les sens ; tandis que les éponges fixées sur un corps résistant ne frottent que sur le milieu des dents, et n'agissent en aucune façon sur le point par lequel elles se touchent, et où il est pourtant le plus nécessaire d'agir. L'éponge peut, à la vérité, être employée libre, c'est-à-dire sans être fixée sur aucun corps qui lui serve de soutien ; mais alors les doigts ne pouvant l'introduire profondément dans la bouche, elle ne nettoie que les dents de devant, et ne remplit par conséquent que la moitié de l'indication qu'on cherche à remplir.

On se sert encore, pour nettoyer les dents, de différentes racines taillées en pinceaux par l'une de leurs extrémités. Ces racines sont ordinairement celles de réglisse, de luzerne ou de guimauve, qu'on fait bouillir à plusieurs eaux et dont on ne se sert qu'après les avoir teintes et aromatisées. Si elles ont sur les brosses l'avantage d'être plus douces, elles ont aussi l'inconvénient d'être difficiles à conserver ; car placées dans un lieu sec, elles se durcissent trop ; exposées à l'humidité, elles se moisissent. Leur usage est aujourd'hui généralement abandonné, et on ne les trouve guère que dans quelques anciennes officines.

Quant à la nature de la poudre dentifrice dont on devrait faire usage, on peut consulter à cet égard le cinquième chapitre de cet ouvrage, qui est uniquement consacré à la préparation des diverses substances pharmaceutiques employées pour les dents, et destiné à mettre les personnes qui attachent du prix à leur conservation dans le cas d'éviter les piéges que tant de charlatans tendent et à l'espérance et à la crédulité.

Quelques personnes, pour se soustraire aux dangers qui accompagnent si souvent l'emploi des poudres dentiffrices, se servent de poudre de tabac ou de suie. Ces substances n'ont pas seulement l'inconvénient d'une extrême malpropreté, et de laisser à la bouche un goût fort désagréable, mais leur emploi habituel donne aux dents une teinte jaune qu'il est presque impossible par la suite de faire disparaître; une poussière très-fine de charbon leur serait infiniment préférable.

Après avoir frotté ses dents plus en dehors qu'en dedans où elles sont moins susceptibles de retenir des matières étrangères et de se couvrir de tartre, on doit se rincer la bouche à plusieurs reprises pour enlever le limon que la poudre dentiffrice aura déposé sur les dents. On peut se servir à cet effet d'une eau tiède pure, mais il est préférable d'aromatiser cette eau par quelques gouttes d'eau de Cologne ou d'une élixir dans la composition duquel n'entreront que des substances balsamiques.

Le jus de citron, le suc d'oseille, l'acide muriatique, dont quelques personnes se servent, même d'après les avis de certains dentistes, doivent être sévèrement proscrits ou employés avec la plus grande circonspection ; car ces différents acides ne blanchissent les dents que pour la première fois qu'on les emploie, et leur usage continu finit par les jaunir, puisqu'ils détruisent insensiblement leur émail et les privent par là de l'éclat que leur donne la texture serrée de cette enveloppe extérieure qui est la partie la plus solide de la dent.

Indépendamment de la précaution qu'on aura prise de choisir une brosse dont la force sera proportionnée à la sensibilité des gencives et à l'épaisseur et la dureté de l'émail, on doit observer de la tenir très-propre, de manière qu'après avoir été lavée, elle ne puisse donner aucune teinte à l'eau claire. Il n'est pas indifférent non plus de renouveler cette brosse dès qu'elle commence à s'user, parce que, si dès le moment où on s'en est servi pour la première fois elle a un degré de mollesse convenable, elle devient nécessairement trop résistante à mesure que les crins qui la forment perdent de leur longueur.

Chaque fois qu'on cesse de manger, il est indispensable de se servir d'un cure-dent pour enlever les particules élémentaires qui se sont insinuées entre les dents, et dont le séjour favorise la formation du tartre et prédispose à la carie. Les meilleurs cure-dents sont ceux de plume ; il ne faut jamais se servir de ceux de métal et encore moins d'aiguilles, d'épingles et autres corps semblables. Le choix des plumes dont on fait les cure-dents n'est pas indifférent : celles qui sont préparées pour écrire sont ordinairement trop résistantes ; aussi vaut-il mieux n'en employer que d'une grosseur moyenne ; et plutôt celles qui sont un peu opaques que celles qui sont transparentes.

En Italie, par exemple, et dans quelques autres pays, on se sert communément de cure-dents faits avec un bois flexible, et en même temps serré; ils ont cet avantage sur ceux de plume, que leur pointe n'est jamais aussi acérée, et qu'ils exposent moins à blesser les gencives. De petites lames de baleine ou d'écaille, effilées et taillées en pointe, peuvent aussi remplacer sans inconvénient les cure-dents de plume.

Dans quelques pays on est dans l'habitude d'offrir aux convives, après le repas, de l'eau tiède pour se rincer la bouche; cette prévenance est fort louable. La forme élégante de quelques coupes consacrées à cet usage, et trouvées dans les fouilles d'Herculanum et de Pompeï atteste évidemment que les anciens Romains attachaient à cet objet une grande importance.

Je m'étonne qu'en France, où l'on se pique de porter à l'extrême tout ce qui peut contribuer au bonheur de la vie, on soit si longtemps à adopter généralement ce soin de propreté dont la nécessité est incontestable. Un usage marqué comme celui-ci au coin de l'utilité compenserait de ce qu'a de fatigant le cérémonial d'un grand dîner, et ferait oublier certaines pratiques que le luxe et l'étiquette ont mal à propos introduites dans le grand monde. Si les hommes croient pouvoir s'en dispenser, les femmes ont tort de s'en abstenir, car les particules alimentaires qui restent fixées sur les dents masquent le poli de l'émail et altèrent l'éclat de la plus belle voix. Cette précaution, qui est nécessaire à toutes, est particulièrement indispensable pour celles qui se proposent de chanter ou de faire les honneurs de la conversation.

Enfin, il n'est pas inutile non plus de faire soi-même, au moins une fois par semaine, l'inspection de sa bouche; j'entends par là se placer devant un miroir pour regarder toutes ses dents les unes après les autres, passer le cure-dent entre toutes, et même les frapper doucement avec un corps dur pour juger si l'on éprouve quelque sensation désagréable qui proviendrait d'une carie naissante et dont l'œil n'aurait pu s'apercevoir. On peut se servir avec avantage dans ce cas du petit miroir à bouche, dont l'extrême mobilité permet de porter la vue sur toutes les parties des dents : l'importance de ce petit meuble est telle même, qu'il devrait avoir sa place marquée sur la toilette de toutes les dames.

Tels sont les soins de propreté ou mieux les précautions journalières que réclame la conservation des dents; ils sont simples, comme on voit, et d'une facile exécution; et s'ils paraissent assujettissants, c'est qu'en général on ne sent que trop tard l'importance des avantages qu'ils procurent; tandis que si on en prenait de très-bonne heure l'habitude on y ferait à peine attention et on s'y livrerait comme à tant d'autres occupations journalières auxquelles on se livre, pour ainsi dire, à son insu.

C'est surtout aux jeunes filles qu'il importe de faire contracter de bonne heure cette précieuse habitude; et si les conseils ne suffisent pas, il est pour se faire écouter d'elles un moyen presque infaillible : c'est de piquer leur amour-propre, et de leur montrer jusqu'à quel point toute négligence apportée dans les soins que réclament leurs dents peut éloigner pour elles ce moment après lequel elles soupirent, même dès l'âge le plus tendre. Il est facile de voir que je veux parler ici du mariage.

Ainsi, sans trop exciter en elles le désir de plaire, désir dont l'excès seul constitue la coquetterie, on doit leur montrer cependant que si nous attachons un grand prix aux qualités morales des femmes, leurs agréments extérieurs n'en sont pas moins les plus précieux apanages de leur sexe, et l'objet éternel des hommages du nôtre.

Pour leur prouver que ces agréments ne sauraient être parfaits sans de belles dents, chaque fois qu'une mère dans la société rencontrera une femme dont la bouche porterait l'empreinte de quelque négligence, qu'en la désignant à sa fille elle laisse échapper cette phrase si persuasive :—Voilà une femme aimable; mais elle serait en même temps jolie et aimable, si elle avait d'autres dents: —je doute qu'il y ait une seule demoiselle qui ne cherchât, par des soins de propreté ou par de légers secours de l'art du dentiste, à éviter cette observation qui est de tous les temps, de tous les lieux, et qui sort souvent de la bouche même de ceux qui sont privés de l'avantage d'avoir de belles dents; tant est désagréable la première impression que produit sur nous la vue du mauvais état de cette partie si remarquable de la figure.

D'ailleurs pourquoi prendre des détours quand il s'agit de proclamer une vérité que personne ne conteste : un sexe fait pour plaire ne doit rien négliger de ce qui peut lui fournir les moyens d'arriver à ce but. Aux yeux même d'une austère philosophie la négligence est plus blâmable que l'excès contraire. Pour ne pas sortir de notre sujet, combien de demoiselles ne seraient pas restées telles, si leur abord rebutant n'avait pas éloigné ceux que leur fortune aurait engagés à solliciter leur main ! Combien de femmes doivent l'éloignement de leurs époux aux ravages que la négligence a faits à leur bouche, et à l'haleine désagréable qui accompagne presque toujours des dents rongées par la carie !

Si j'insiste ici sur la nécessité d'habituer de bonne heure les jeunes demoiselles à regarder comme indispensables les soins que demande la propreté de leurs dents, je ne prétends pas dire que les jeunes gens de l'autre sexe doivent s'abstenir de ces soins. Tel est même mon avis à cet égard, que je cherche vainement à comprendre comment un père peut confier l'éducation de son fils à un étranger, sans lui recommander expressément de l'habituer à donner à la propreté de ses dents la même attention qu'il accorde à celle de sa figure ou de ses mains.

Prendre de sa personne des soins trop minutieux serait assurément une chose ridicule de la part d'un homme ; mais pousser le dédain de soi-même jusqu'à négliger une pratique que la décence seule réclame serait une conduite plus ridicule encore.

C'est ce qu'il ne faut cesser de représenter aux jeunes gens ; quelle que soit la position de la société dans laquelle ils se trouveront placés, ils applaudiront aux vues qui auront dicté de semblables conseils et se féliciteront de les avoir suivis.

Lancés dans la carrière du barreau ou de la littérature, ils exprimeront leurs pensées avec autant de force que de netteté, et modulant à volonté les inflexions de leur voix, ils parleront plus directement au cœur de leur auditoire et entraîneront son esprit. Médecins, ils ne fatigueront pas la susceptibilité d'un malade par cette odeur désagréable qui s'exhale de la bouche de tant de personnes. Hommes du monde, enfin, ils n'offriront pas le contraste choquant d'une mise recherchée et d'une bouche ravagée par la carie, dont le spectacle est d'autant plus fatigant, que celui qui l'offre est moins indispensable dans la société.

Réfutation de l'opinion qui fait regarder comme dangereux l'emploi de la lime pour raccourcir des dents qui sont trop longues et séparer celles qui sont trop serrées.

Dans le dernier paragraphe du deuxième chapitre, j'ai fait sentir combien il était nécessaire de surveiller la deuxième dentition pour procurer aux enfants une denture régulière, et j'ai montré qu'aussitôt que les secondes dents affectaient une direction vicieuse, il fallait avoir recours au chirurgien-dentiste, afin qu'il prévînt de bonne heure toute difformité de la bouche, par quelques-unes des nombreuses ressources que possède son art.

Tout ce que j'ai dit à ce sujet ne s'applique donc qu'aux dents considérées sous le point de vue de leur direction, ou mieux sous le rapport de la place que chacune d'elles doit occuper; mais elles peuvent encore offrir plusieurs autres irrégularités dans leur développement : deux des plus fréquentes sont la longueur disproportionnée de quelqu'une d'entre elles, et le rapprochement trop intime de plusieurs ou de toutes.

La première de ces deux irrégularités n'a pas le seul inconvénient d'être d'un aspect fort désagréable, mais la dent qui la présente, heurtant sans cesse la dent correspondante de l'autre mâchoire, la gêne, l'ébranle et en détermine la perte, après avoir occasionné de très-fortes douleurs, et forcé le sujet à ne mâcher qu'incomplétement ses aliments. L'autre est une des conditions que l'observation journalière prouve être défavorables à la conservation des dents, et elle s'écarte des règles, peut-être de convention, il est vrai, sur lesquelles nous jugeons de la beauté des dents, qui, à nos yeux, offrent quelque chose d'infiniment plus gracieux quand elles laissent entre elles un léger écartement.

L'art du dentiste est loin de rester spectateur tranquille des inconvénients qui peuvent résulter de ces deux défauts de régularité dans l'arrangement des dents; mais une prévention défavorable pour les moyens qu'il emploie à cet effet éloigne encore beaucoup de personnes des bienfaits de leur application opportune. Ces moyens sont, dans le premier cas, la section de la dent exubérante en longueur; dans le second, l'isolement des dents trop serrées.

La lime est le principal des instruments que nous employons pour remplir ces deux indications. Au nom seul de cet instrument, et à l'idée de son application sur des dents saines, j'entends un grand nombre de personnes me faire cette objection, qu'en limant une dent, on la prive de son émail et on en décide la carie.

Sans doute, l'émail est nécessaire à la conservation de la dent, puisqu'il la protége contre l'atteinte des aliments, du froid, du chaud, et en général contre toutes les causes capables d'exercer une action pernicieuse contre la substance même de l'os ; mais cette écorce extérieure, qu'on me permette l'expression, pour être utile, est loin pourtant d'être d'une nécessité aussi absolue qu'on se l'est généralement imaginé ; et une dent qui en est dépourvue peut très-bien néanmoins ne pas être atteinte par la carie.

L'état d'intégrité parfaite dans lequel restent soit les dents qui se sont rompues dans une chute, soit celles sur lesquelles on a détruit avec la lime, la rugine ou le burin, quelques parties affectées d'une carie provenant de causes extérieures, prouve toute la vérité de cette assertion. Si pour la sanctionner il fallait quelque explication, il serait facile de prouver que la chose doit être ainsi, puisque là où il y a ablation d'émail il se fait une espèce de cicatrisation qui donne à cette partie de la dent un degré de dureté de beaucoup supérieur à tout le reste de la substance osseuse.

Ainsi donc, l'expérience se joint au raisonnement pour prouver que la lime, entre les mains d'un dentiste adroit et prudent, n'expose jamais aux dangers qu'on lui suppose. Sans doute, on peut l'employer dans des circonstances où elle n'aura aucun résultat favorable, mais elle n'entraîne jamais la perte des dents : et si un semblable accident survenait à la suite de son emploi, il faudrait en rechercher la cause ailleurs, et rester convaincu qu'il serait survenu sans qu'on se fût servi d'elle. Toute opinion contraire à cette idée est une erreur, un préjugé nuisible dans une foule de circonstances, et que pour cela même on ne saurait trop combattre, puisqu'il expose une foule de personnes à perdre plusieurs dents, dont une opération aussi simple que peu douloureuse leur eût assuré la conservation.

Si l'expérience et une explication plausible démontrent non-seulement que l'action de la lime n'a pas sur les dents les dangers qu'on lui suppose, mais qu'une dent légèrement limée sur quelques points n'est pas plus sujette à la carie que quand elle est entièrement recouverte de son émail, il n'en est point ainsi de l'opinion généralement accréditée qui fait regarder les dents trop serrées comme se trouvant dans une position infiniment plus défavorable à leur conservation que celles qui laissent entre elles un léger écartement. Ici, du moins d'après les ouvrages écrits sur la science dentaire, on ne peut alléguer jusqu'à présent que l'autorité de l'expérience ; car l'explication qu'on en a donnée dans ces derniers temps[1], en disant que la carie survenait par l'obstacle que le rapprochement des dents apportait au cours des fluides qui circulent dans l'émail, est tout aussi sujette à contestation que celle qui consiste à regarder la carie comme le résultat d'une *décomposition*, d'une *putréfaction* qui, des matières alimentaires et autres, retenues dans les interstices dentaires, se communique à la dent elle-même.

En effet, s'il est juste d'objecter à cette dernière

---

[1] Delabarre, *Traité de la seconde Dentition*, page 157.

explication, 1° que tant qu'une partie est vivante, elle est inaccessible à la putréfaction ; 2° que la putréfaction n'est autre chose que le changement d'état d'un corps dont les éléments constitutifs reprennent leur liberté primitive, mais n'ont aucune tendance à communiquer un état semblable aux parties environnantes, puisque ces éléments sont, pour la plupart, nécessaires à l'entretien de la vie, on peut prouver aussi que ce n'est pas la gêne qu'éprouvent les fluides de l'émail, qui détermine la carie des dents très-serrées ; et cette preuve, on la trouve dans le moyen même qu'on propose pour prévenir cet accident. Ce moyen est la séparation des dents ; mais cette séparation n'a lieu que par une perte de substance dans toute la longueur du bord de la dent, qui certainement oppose au libre cours des fluides de l'émail un obstacle bien plus grand que la compression.

D'ailleurs, la comparaison qu'on croit pouvoir établir entre deux dents serrées l'une contre l'autre et deux branches d'arbres dans la même position dépose elle-même contre cette explication : car la gêne que les vaisseaux de ces branches éprouvent les force seulement à changer de direction et à former un bourrelet vers le point de contact, et si elles s'ulcèrent, cet accident ne peut être attribué qu'à la présence de quelque insecte rongeur qui s'est fixé entre les deux branches.

Cette discussion aurait sans doute trouvé plus naturellement sa place dans un ouvrage consacré à la physiologie des dents, que dans un traité de l'Hygiène de la Bouche ; mais j'ai jugé utile de l'aborder, pour prouver que toutes les fois que les médecins qui se livrent plus spécialement à tel ou tel point de la pathologie voudront expliquer les phénomènes auxquels sont soumis les organes dont la conservation les occupe particulièrement, autrement que par les lois communes, ils s'exposeront à d'éternelles erreurs, et rapprocheront les limites de leur art, au lieu de les éloigner.

N'est-il donc pas plus simple, pour expliquer la fréquence de la carie sur les dents trop serrées, de dire : Plus les dents sont rapprochées, plus il est difficile de les nettoyer ; or les matières étrangères, alimentaires ou autres, séjournent entre elles, ramollissent à la longue l'émail, et déterminent sur la substance osseuse elle-même une inflammation dont la carie, qui est l'ulcération des os, est la terminaison ordinaire. Ce qui facilite encore cette inflammation, c'est que les personnes qui ont les dents trop serrées sont continuellement obligées de les tourmenter, au moyen de corps durs, comme des épingles ou des aiguilles, pour en extraire les particules alimentaires qui se logent dans leurs interstices. Enfin, quand la carie affecte des dents très-rapprochées, on ne s'en aperçoit alors que tard, et lorsqu'elle a déjà fait de grands progrès ; ce qui n'arrive pas chez les personnes dont les dents sont dans une circonstance opposée. Terminons par des propositions générales dégagées de toute explication scientifique, et par cela même d'une facile explication.

1° La séparation des dents n'est pas un moyen infaillible d'empêcher leur envahissement par la carie ; mais permettant de les nettoyer plus facilement, elle contribue à éloigner les causes sous l'influence desquelles cet accident se développe le plus communément.

2° Les légères secousses que l'action de la lime exerce sur les dents n'ont sur ces dernières aucun résultat défavorable.

3° L'isolement des dents, considéré comme une opération de simple précaution, doit toujours être ajourné jusqu'à seize, dix-huit ou vingt ans, parce que ce n'est guère qu'à cet âge que le cercle formé par l'une ou l'autre mâchoire ayant atteint tout son développement, on doit perdre l'espoir de voir les dents qui sont trop serrées les unes contre les autres se ranger par les seules forces de la nature; d'ailleurs, avant cet âge, l'émail n'a point encore acquis une épaisseur suffisante pour qu'on n'ait pas lieu de craindre qu'on ne mette à nu la substance osseuse de la dent, qui pourrait se carier d'autant plus promptement qu'elle jouit alors d'une extrême sensibilité.

De semblables raisons me semblent suffisantes pour engager toutes les personnes qui auraient les dents tellement serrées que quelques-unes s'avançassent sur les autres, ou que toutes fussent jointes au point de ne pas permettre l'introduction d'un cure-dent de plume très-mince, à soumettre leur bouche à l'examen d'un dentiste, et à suivre les conseils que la prudence exigera qu'il leur donne à cet égard.

Des moyens de faire cesser les douleurs des dents, et du charlatanisme que tant de gens emploient à cet égard.

Les différentes maladies des dents, et le traitement qui convient à chacune d'elles, appartiennent à la pathologie et non à l'hygiène, et, sous ce rapport, j'aurais dû m'abstenir de parler des douleurs que ces maladies occasionnent; mais comme il n'est point indifférent de savoir distinguer celles de ces douleurs qui ne sont que passagères et peuvent céder à quelques moyens simples, de celles qui résultent de quelque altération profonde et qui exigent des opérations, souvent même l'extraction, j'ai pensé qu'il était convenable que je donnasse aux personnes étrangères à l'art quelques moyens de calmer ces douleurs, et de soustraire par là leur bouche soit à l'action pernicieuse de cette foule de remèdes qu'emploient les charlatans et que prônent les gens crédules, soit à des mutilations qu'elles auraient pu éloigner encore pour longtemps.

Parmi les douleurs auxquelles les maladies assujettissent l'homme, il en est peu de plus insupportables que celles qui résultent de certaines maladies des dents; or il n'est pas étonnant que le traitement de ces douleurs soit devenu l'objet des spéculations d'une foule de charlatans. Le premier instinct de l'homme qui souffre n'est-il pas en effet de veiller à sa conservation, et de se soustraire à la douleur; presque toutes nos fonctions concourent à ce but, et si quelqu'une vient à être dérangée, un penchant irrésistible nous porte à chercher avec empressement des secours partout où nous avons quelque espoir d'en trouver.

Dans les angoisses de la douleur, où l'imagination acquiert d'autant plus de force que la raison s'affaiblit davantage, nous acceptons les secours du premier qui se présente, et qui nous fait l'éloge de ses remèdes et la récapitulation de leurs prétendus succès. Ces hommes, dont la plupart n'ont d'autre mérite que l'astuce et le babil, n'ignorent pas que nous croyons facilement tout ce que nous souhaitons avec avidité; ils s'emparent de l'imagination du malade, et lui font payer cher des secours presque toujours funestes.

L'imagination et le désir de guérir sont donc les propagateurs naturels du charlatanisme, qui est ensuite accueilli avec avidité par l'immense foule des sots, bien plus nombreux en effet que les gens d'un jugement solide. S'il s'adresse plus particulièrement aux maladies des dents qu'à toute autre, c'est que les douleurs que ces maladies occasionnent sont d'autant plus insupportables, qu'elles ne troublent presque jamais le jeu des autres fonctions, et qu'elles détournent par conséquent de l'idée d'une maladie.

En vain l'expérience a-t-elle fait justice plus de mille fois de la plupart des remèdes, prétendus souverains, contre les maux de dents, l'aveugle vulgaire s'obstine toujours à les rechercher avec empressement, et à les recevoir avec admiration; et, chose étrange, il ajoute d'autant plus de confiance à leurs vertus, que celui qui les présente est plus dépourvu de connaissances. Heureusement leur vogue est aussi éphémère qu'elle est grande; mais telle est la force de la crainte de la douleur, qu'on s'abuse à cet égard, et qu'une foule de gens ont recours à leur usage. Ces remèdes, qui ont paru avec tant d'éclat à différentes époques, ont tous fini par être démasqués, et l'illusion dissipée n'a laissé voir que les traces de leur dangereuse action.

Que le vulgaire accueille avec avidité tout ce qui tient du merveilleux, et que dans son jugement aveugle il donne la palme du mérite à l'impéritie effrontée qui a l'art de le séduire, la chose est croyable; mais que des personnes qui ont reçu de l'éducation soient la dupe de ces charlatans effrontés qui, sous le titre frustré de Dentistes, usent de mille supercheries et souvent de l'artifice le plus grossier, c'est ce qu'on a quelque peine à concevoir. Cependant cette espèce de jonglerie ne laisse pas encore que de prospérer dans le siècle éclairé où nous sommes, et de trouver des partisans dans toutes les classes de la société.

Pour faire voir jusqu'à quel point sont ridicules les assertions qu'on émet tous les jours sur les vertus de telle composition que vendent les charlatans, que donnent certaines personnes officieuses et que prônent les gens crédules, je me contenterai d'une seule remarque, c'est que ces remèdes conviennent non-seulement dans tous les cas, mais encore dans toutes les espèces de maladies des dents. En voilà assez, je pense, pour montrer à quoi se réduit leur efficacité. Pourquoi les raisonnements les plus sensés ne sauraient-ils donc désabuser, non leurs possesseurs, que l'intérêt où l'amour-propre aveugle, mais ceux qui en font usage ?

S'il faut gémir de ce que des gens sans aveu font journellement des dupes et des victimes, combien n'est-il pas déplorable de voir des hommes titrés, opprobre de notre art, mus par la vile soif de l'argent, marcher sur les traces de tels imposteurs, ou d'hommes de bonne foi, mais ignorants et superstitieux, et chercher à s'établir une réputation par mille manéges plus bas les uns que les autres! Si je voulais dévoiler la composition et le mode d'action d'une foule de substances que vendent encore aujourd'hui, comme des spécifiques infaillibles contre tous les maux de dents, des Dentistes qui jouissent de quelque crédit, je ne serais embarrassé que dans le choix des exemples que je pourrais citer.

C'est cette conduite ridicule et ces promesses fallacieuses qui ont aiguisé contre nous les traits de la satire, qui ne sont malheureusement que trop justes dans une foule de circonstances, mais qui nuisent à un grand nombre de personnes, qu'une prévention défavorable pour notre art empêche de réclamer de nous des conseils qui, demandés à propos, les mettraient à même de conserver longtemps des dents légèrement altérées, et de se soustraire à tant de douloureuses opérations auxquelles l'imprévoyance et l'amour du merveilleux ne réduisent que trop souvent notre ministère.

Quelques personnes pourraient objecter à tant de justes allégations, que certains Dentistes, consommés dans leur art, possèdent des remèdes secrets dont l'efficacité ne saurait être douteuse. Cette assertion est celle qui nuit le plus aux progrès du traitement de toutes les maladies en général, et en particulier de celles des dents, et qui protége les menées peu délicates d'une foule de dentistes.

Mais, disons-le sans crainte, est-il possible qu'un homme de bien se résigne à rester seul possesseur d'un moyen salutaire, et persiste à en faire un secret? Quelle personne, nourrie dans les principes d'une saine philosophie, ne mettra pas toute sa gloire à publier ses découvertes, même au détriment de sa fortune, s'il les croit utiles à l'humanité ?

D'ailleurs, grâce aux progrès des sciences naturelles, la chimie, qui porte partout le flambeau de l'analyse, semble nous mettre pour toujours à l'abri des remèdes secrets, qui ne sont pour l'ordinaire que des substances connues depuis des siècles, que leurs prétendus inventeurs décorent d'un nom nouveau plus ou moins bizarre, et dont il n'est pas difficile de dévoiler la composition.

Les remèdes propres à calmer les douleurs des dents doivent donc différer autant que les maladies desquelles dépendent ces douleurs peuvent différer elles-mêmes. Quels qu'ils soient, leur mode d'action se réduit : 1° à calmer l'inflammation dont la pulpe dentaire est momentanément le siége, ou qui des gencives ou de toute autre partie de la bouche se porte sur la dent ; 2° à exciter une autre partie éloignée de la dent malade, et à absorber ainsi la douleur de cette dernière ; 3° à assoupir ou même éteindre la sensibilité de la dent ; 4° enfin à soustraire la partie malade de la dent à l'action de l'air, des aliments et de toutes les substances irritantes avec lesquelles elle peut se trouver en contact.

On reconnaît qu'une douleur de dent est produite par une inflammation passagère, quand elle s'est développée tout-à-coup sous l'influence d'un changement brusque de température, à la suite de l'usage de quelque liqueur forte. La dent douloureuse est intacte ou peu altérée, la gencive voisine est rouge et gonflée, et la douleur, souvent accompagnée d'un gonflement des parties voisines, même d'une fluxion de la joue, semble envahir tout le côté de la mâchoire occupé par la dent qui en est atteinte. Tous les moyens qu'on emploie ordinairement contre les inflammations des autres parties sont ceux auxquels on doit avoir recours.

Ainsi cette douleur cède ordinairement aux gargarismes émollients, faits avec une infusion de fleurs de mauve sucrée et prise chaude, à des fumigations émollientes dirigées sur la dent malade. Si la gencive est extrêmement tuméfiée, on est quelquefois obligé d'appliquer une ou deux sangsues sur cette partie. Ce moyen qu'on repousse ordinairement est simple, car il suffit d'enfermer la sangsue dans un tube de verre, et de présenter son extrémité buccale à la gencive, qu'elle ne tarde pas à dégorger du sang superflu. Une figue grasse et bien cuite, placée entre la dent malade et sa correspondante, a suffi quelquefois pour calmer une inflammation légère.

Les douleurs de dents occasionnées par l'action d'un agent irritant passager peuvent être apaisées, avons-nous dit, par tous les moyens capables de produire une diversion un peu considérable. N'arrête-t-on pas fréquemment des hémorrhagies nasales, en plaçant un corps très-froid, tel qu'une clef, sur le cou ou le dos des individus qui en sont atteints? Pourquoi alors par un moyen semblable ne pourrait-on pas suspendre l'afflux nerveux aussi bien que l'afflux sanguin? Une affection morale vive, une forte impression, réussissent quelquefois pour cela chez les personnes très-nerveuses. C'est pour cette seule raison que parfois la douleur de dents cesse tout-à-coup à la porte du dentiste. C'est ainsi qu'on doit également expliquer l'effet brusque et inattendu de diverses amulettes, qui ne devraient avoir aucune espèce d'action, sans la confiance qu'on a en elles, et surtout sans les démonstrations imposantes et l'appareil mystérieux qui accompagnent leur emploi.

En vertu du même principe, on peut calmer ces douleurs par des teintures alcooliques, des huiles essentielles appliquées sur les parties voisines de la dent malade, et par les emplâtres de cantharides ou les cataplasmes de moutarde posés sur les tempes ou au-dessous des oreilles. Souvent même un purgatif un peu violent produit le même effet et avec la même promptitude.

Si la douleur est purement nerveuse, on peut la calmer au moyen d'un léger narcotique, comme un grain d'extrait gommeux d'opium, où quelques gouttes d'huile de girofle ou de cannelle appliquées sur un morceau de coton qu'on place sur la dent malade ou qu'on introduit dans le trou formé par la carie, quand il en existe un. Une pâte formée par une décoction concentrée de racine de pyrèthre, de gingembre, de clou de girofle et de cannelle, réduite à la consistance nécessaire, remplit quelquefois très-promptement la même indication.

Toutes les propriétés de ces dernières préparations, auxquelles se rapportent tous les prétendus spécifiques des charlatans, des bonnes femmes, etc., se réduisent: les narcotiques, à affaiblir la sensibilité de la dent; les excitants, à l'épuiser par l'augmentation que leur première application lui fait subir.

Quand la carie d'une dent est assez profonde

pour que la membrane qui tapisse son intérieur est à découvert, on conçoit aisément combien il serait illusoire d'espérer de faire cesser la douleur qu'elle occasionne par quelques-uns des moyens précédemment énumérés. La douleur peut bien disparaître pour un instant, mais aussitôt que la dent sera de nouveau mise en contact avec l'air, elle renaîtra. Dans cette circonstance, il faut avoir recours au plombage opéré par le métal fusible.

On voit donc que, quoique je me sois élevé avec raison contre les promesses que les charlatans et une foule de personnes imprudemment officieuses font à l'occasion de tant de prétendus spécifiques, qu'ils donnent pour infaillibles à l'exclusion de tous les autres, je ne prétends pas que certaines substances appliquées sur une dent ne puissent contribuer à faire cesser les douleurs dont elle peut être le siège; mais je le répète, aucune de ces substances n'agit autrement que celles dont je viens de parler. Soutenir le contraire, serait le fait de l'imposture ou de l'ignorance.

Il reste donc évidemment démontré que toutes les personnes qui tiennent à conserver leurs dents doivent, pour apaiser les douleurs dont ces organes sont si souvent le siège, s'adresser à un chirurgien-dentiste. Il possède pour cet effet tous les moyens qui peuvent être employés avec succès, et avec cette différence si importante à prendre en considération, qu'il sait les employer à propos, et que, quand la raison lui démontre qu'ils ne peuvent avoir aucun résultat avantageux, il évite aux personnes qui souffrent un temps qui donne souvent à la maladie les moyens d'augmenter, en leur en substituant quelques autres. Si le mal est le résultat d'une altération profonde de la dent, qui la mette au-dessus des ressources de son art, il en conseillera le sacrifice, et garantira ainsi par cette sage détermination les parties voisines de l'atteinte du mal.

De la composition de diverses préparations propres à calmer les douleurs des dents, à raffermir les gencives, et à tenir dans un état de propreté constant les différentes parties de la bouche.

Une foule de préparations peuvent remplir l'une ou l'autre de ces trois indications; mais je ne donnerai ici que les formules simples, faites avec deux ou trois substances, dont l'effet est bien connu et dont le mélange n'est point susceptible de donner lieu à de nouveaux produits en se décomposant.

Toutes les recettes, dit avec raison Gariot, dans lesquelles ont fait entrer une foule de drogues qui ont des propriétés analogues et quelquefois très-disparates, forment des mélanges bizarres qui ne valent pas ceux qu'on obtient par la combinaison de deux ou trois substances dont les qualités sont le mieux reconnues.

Elixir propre à être employé le matin pour se rincer la bouche, avant et après l'emploi de la brosse et de la poudre dentifrice.

Prenez : Eau-de-vie de gayac............ 6 onces.
    Eau vulnéraire spiritueuse....... Idem.
    Huile essentielle de menthe...... 4 gouttes.

On peut aromatiser cet élixir avec toute autre substance que la menthe, comme le girofle, l'ambre, la rose, l'œillet, etc. Quelques dentistes y ajoutent un peu d'éther sulfurique, qu'il faut bien se garder de confondre avec l'acide du même nom, dont l'action corrosive, quand il n'est pas employé avec la plus grande discrétion, peut produire les accidents les plus graves. On verse deux ou trois gouttes de cette liqueur dans l'eau dont on se sert avant et après l'emploi de la poudre dont on aura jugé convenable de faire usage.

Cet élixir convient aux personnes dont la bouche est dans un état de santé parfaite ; mais celles qui auraient soit quelques dents cariées, soit les gencives habituellement saignantes ou l'haleine très-forte, ce qui ne dépend pas toujours d'une carie des dents, mais tient très-souvent à une irritation chronique de la membrane qui tapisse toute la bouche, feraient bien de lui substituer la préparation suivante qui s'emploie de la même manière.

Prenez : Eau-de-vie de gayac préparée .... 4 onces.
Eau-de-vie camphrée .... 1 gros.
Essence de menthe. .... 6 gouttes.
Essence de cochléaria .... Idem.
Essence de romarin............ 10 gouttes.

Elixir Odontalgique.

Prenez : Girofle ⎫
Opium ⎬ de chaque............ 2 gros.
Cannelle ⎭
Pyrèthre .... 1 gros.
Résine .... 1 demi-once
Eau-de-vie à 22 degrés.......... 8 onces.

Cet élixir qui serait trop actif pour l'emploi journalier, comme objet de toilette, arrête quelquefois comme par enchantement certaines douleurs de dents. Il convient particulièrement à celles qui semblent être toutes nerveuses. Néanmoins dans celles qui sont purement inflammatoires, il a très-souvent suffi pour les suspendre tout-à-coup. Mais dans cette dernière circonstance, son emploi est moins rationnel que dans la première. On l'emploie en en imbibant un morceau de coton qu'on applique sur la dent malade, ou qu'on introduit dans sa cavité, quand elle est cariée.

Elixir propre à raffermir les gencives.

Prenez : Eau vulnéraire spiritueuse...... 8 onces.
Esprit de cochléaria........... 1 once.
Huile essentielle de girofle...... 4 gouttes.

Cet élixir convient aux personnes dont les gencives sont habituellement saignantes, ou blafardes et abandonnent le collet de la dent, qui, manquant de soutien devient chancelante et cède aux plus légers efforts. On l'emploi étendu dans l'eau, car s'il était employé pur il substituerait une inflammation active des gencives à l'irritation passive dont elles sont ordinairement frappées dans ce cas.

On vend encore dans le commerce pour le même usage un élixir qui est plus compliqué dans sa composition que ce dernier. C'est l'élixir odontalgique de Leroy-de-la-Faudignières; il se prépare de la manière suivante :

Prenez : Girofle...................... 1 demi-gros.
Gayac........................ 4 gros.
Pyrèthre .... 1 gros.
Essence de romarin............ 10 gouttes.
Essence de bergamote .... 4 gouttes.
Noix muscade................. 1 gros.
Eau-de-vie à 36 degrés........ 3 onces.

Après avoir concassé les substances qui doivent l'être, on les met dans l'eau-de-vie. Au bout de huit jours d'infusion, on filtre l'élixir.

Pour l'employer, on en verse quelques gouttes dans l'eau avec laquelle on se rince la bouche le matin, mais seulement tous les deux ou trois jours.

Dans le cas où l'état saigneux et fongueux des gencives serait évidemment dû à une disposition scorbutique, on se trouvera toujours très-bien de substituer à ces différens élixirs le gargarisme suivant :

Prenez : Décoction de racine de patience. 6 onces.
Miel écumé................ 1 once.
Acide sulfurique............ 3 gouttes

Il est dans les saisons froides une incommodité à laquelle sont plus particulièrement sujettes les personnes d'un tempérament lymphatique, qui à ces mêmes époques sont fréquemment aussi tourmentées de maux de gorge, de coryza, ou rhume de cerveau, c'est le gercement des lèvres ; je crois devoir donner ici la manière de faire soi-même la pommade la plus agréable et en même temps la plus avantageuse, qu'on puisse employer à ce sujet.

Prenez : Huile d'olives ou d'amandes
douces.................. 2 onces.
Cire blanche............ 1 demi-once.
Eau de roses............ Idem.

On coupe la cire par petits morceaux, et on la met dans un vase assez solide pour qu'il puisse résister à la fusion de la cire; on verse l'huile par-dessus et on fait chauffer le pot au bain-marie. Quand la cire est fondue, on la coule dans un mortier, on ajoute l'eau de rose et on l'agite jusqu'à ce qu'elle soit entièrement refroidie ; autrement on aurait un cérat grumeleux et inégalement coloré.

La disposition particulière en vertu de laquelle les lèvres se gercent tient très-souvent à la susceptibilité extrême de toute la membrane muqueuse qui tapisse la bouche : aussi les personnes qui pendant l'hiver sont tourmentées de cette légère incommodité, sont-elles, comme nous venons de le dire, fréquemment affectées d'angine ou de maux de gorge. Le gargarisme le plus adoucissant qu'on puisse employer contre cette dernière affection est sans contredit celui-ci :

Prenez : Décoction de fleurs de mauve ou
de racines de guimauve..... 8 onces.
Miel rosat................. 6 onces.

Enfin, les personnes qui ont la bouche fréquemment couverte d'aphthes indolents font usage avec succès du gargarisme détersif suivant, qui convient également dans les cas où l'évulsion d'une dent aurait entraîné une ulcération indolente et fongueuse de la gencive ou de la membrane qui la tapisse :

Prenez : Feuilles d'aigremoine... } de chaque
Feuilles de ronces...... } une pincée.

Faites bouillir dans huit onces d'eau commune, et ajoutez une once et demie de miel rosat, et d'acide sulfurique une quantité suffisante pour donner une acidité agréable.

Pastilles pour la Bouche.

Prenez : Cachou.................. 2 gros.
Corail................... 4 gros.
Sucre................... 2 gros.
Essence de cannelle....... 10 gouttes.
Mucilage, suffisante quantité pour faire des pastilles de dix grains chacune.

Autres pastilles.

Prenez : Charbon préparé........ 1 gros.
Sucre.................. 1 once.
Essence de citron........ 4 gouttes.
Essence de menthe....... 3 gouttes.
Mucilage, quantité suffisante.

Ces deux espèces de pastilles conviennent particulièrement aux personnes qui ont l'haleine fétide ; elles doivent en placer une dans leur bouche toutes les fois qu'elles ont à faire les frais d'une conversation particulière.

Poudre dentifrice.

Prenez : Terre sigillée préparée. 6 onces.
Crème de tartre....... 2 onces.
Girofle............... 1 scrupule.

Elle suffit ordinairement aux personnes qui ont les dents habituellement blanches.

Autre plus compliquée.

Pierre-ponce............	6 onces.
Crème de tartre......	2 onces.
Laque carminée.......	1 once.
Cannelle fine..........	2 gros.

De même que la première, cette poudre est propre à conserver l'éclat naturel de l'émail ; elle peut même être employée dans le cas où cet émail aurait besoin d'être rappelé à un état de blancheur que lui aurait fait perdre la négligence qu'on aurait apportée dans les soins journaliers que réclame la propreté de la bouche; mais de même que la première, elle est composée de substances qui ne communiquent aucune couleur aux parties sur lesquelles on l'applique ; aussi je crois devoir donner ici la composition d'une poudre également simple, mais qui, à l'avantage de blanchir parfaitement les dents joint celui de donner aux lèvres et aux gencives une belle couleur rose qui dure une grande partie de la journée :

Prenez :	Corail rouge..........	4 onces.
	Sang-dragon.........	1 once.
	Carmin fin............	1 demi-drachme.
	Écorce de citron......	2 drachmes.
	Sucre blanc...........	1 demi-once.

Quand on veut préparer soi-même ces différentes poudres, on ne saurait trop avoir le soin de porphyriser toutes les substances qui doivent les composer, pour les réduire en poudre impalpable et les mélanger exactement, car sans cette précaution elles ne seraient pas seulement désagréables, mais elles nuiraient aux dents.

Opiats.

Pour faire les différents opiats dentifrices, on prend les poudres ci-dessus indiquées, et on les mêle avec une quantité suffisante de miel de Narbonne purifié.

Telles sont la plûpart des préparations qui doivent composer, presque exclusivement, la pharmacopée dentaire ou buccale. La plupart des poudres et autres préparations qu'on vend dans le commerce sont en général composées de substances ou dangereuses par elles-mêmes, ou mal préparées.

Presque toutes les eaux qu'on vend pour blanchir les dents contiennent de l'acide muriatique ou sulfurique, dont l'emploi habituel doit infailliblement les altérer; car bien que la réaction vitale dont jouissent les dents, de même que tous les autres organes vivants, s'oppose jusqu'à un certain point à la décomposition de l'émail par les acides, il est toujours constant que ces agents destructeurs pourraient avoir une action très-pernicieuse sur les dents des personnes faibles, dont les différentes parties de la bouche ne jouissent pas d'une grande force de réaction, et notamment sur les dents affectées d'un commencement de carie.

C'est cette considération qui engage la plupart

des dentistes à tenir chez eux-mêmes un dépôt des différentes compositions que leur expérience particulière leur a prouvé être du meilleur usage : aussi les personnes qui voudraient s'éviter le désagrément de les préparer elles-mêmes feront-elles toujours très bien de se les procurer chez le dentiste qu'elles ont honoré de leur confiance.

Recettes de Parfumerie.

Formule d'une eau de Cologne par mélange.—Alcool rectifié, 1 litre et demi ; esprit de romarin distillé, 250 grammes ; eau de mélisse spiritueuse, 250 grammes ; essence de bergamote, 16 grammes ; néroli, 50 gouttes ; essence de cédrat, 4 grammes ; essence de citron, 1 gramme.

L'alcool doit être choisi avec le plus grand soin, car si l'on employait de l'alcool qui ait du goût, l'alcool de marc, de fécule, etc., on aurait de l'eau de Cologne qui aurait une odeur désagréable ; et, comme les essences se volatisent plus facilement que ne le font les produits qui salissent l'alcool, il en résulte que l'odeur de ces produits persiste et que l'odeur fatigue les personnes qui font usage de l'eau de Cologne.

Il faut aussi choisir des essences fines et ne pas faire usage d'essence mêlée d'huiles volatiles d'une moindre valeur.

Vinaigre aromatique anglais.—Vinaigre radical, 32 grammes ; essence d'ambre, 6 décigrammes ; essence de lavande, 1 gramme ; essence de romarin, 5 décigrammes; essence de girofle, 4 décigrammes; essence de cannelle, 2 gouttes; camphre, 1 gramme. Mêlez, filtrez à travers du coton et conservez.

On doit prendre le vinaigre très-concentré; on se le procure chez les pharmaciens. Il ne faut pas faire usage de celui vendu dans le commerce, qui n'est pas pur et qui souvent est un mélange de vinaigre de bois ayant une odeur d'empyreume.

Quelques personnes respirent avec plaisir ce vinaigre, et elles lui donnent la préférence sur le vinaigre simple très-concentré.

Autre formule.—Vinaigre radical, 32 grammes; cardamome, cannelle, girofle, muscade, de chaque 1 gramme.

On laisse macérer pendant 48 heures, on filtre et on conserve.

Ce vinaigre est employé dans les mêmes cas que le précédent.

Recette d'une pâte pour se laver les mains.—On prend 500 grammes de pâte d'amande de bonne qualité, réduite en poudre fine, 375 grammes d'huile d'amande douce, 8 à 10 gouttes d'une huile essentielle odorante, et qui peut varier selon l'aromate qu'on veut donner au produit.

On mêle l'huile à la pâte dans un mortier, et lorsque le mélange est bien homogène, on le met dans un pot de faïence.

Pour s'en servir, on en prend une petite quantité, on en imprègne les mains, et on les lave ensuite avec une petite quantité d'eau comme on le ferait pour la pâte d'amande; on se lave ensuite les mains à grande eau.

L'emploi de cette pâte assouplit, adoucit la peau, et la nettoie parfaitement.

On peut prendre de la pâte d'amandes obtenue avec les amandes mondées de leur pellicule, on obtient alors une pâte blanche qui est plus agréable.

Préparation du savon onctueux pour la toilette.— On prend un demi kilogramme de savon blanc bien préparé, et pareille quantité d'esprit-de-vin rectifié à 38 ou 40 degrés (on le trouve chez tous les liquoristes et les pharmaciens bien assortis). On le fait dissoudre à chaud et on ajoute à la dissolution quelques gouttes d'acide acétique pour saturer l'excès d'alcali qui existe presque toujours dans les savons les mieux préparés. On chauffe la composition au bain-marie, pour retirer le plus d'alcool possible; puis, on mêle au résidu un mucilage produit avec 30 grammes de gomme adragante, qu'on a fait tremper à l'avance, pendant 12 heures, dans un peu d'eau froide.

On remue bien cette composition avec une spatule ou une cuillère de bois pour opérer un mélange bien intime; on la parfume avec toutes les odeurs. Ainsi préparé, ce savon a perdu toute son action nuisible sur la peau, et a acquis une douceur et une onctuosité remarquables.

Savon de Windsor.—Coupez en petits morceaux du savon blanc nouveau, faites-les fondre au bain-marie; ajoutez, s'il est nécessaire, un peu d'eau-de-vie. Lorsque le savon sera fondu, vous l'aromatiserez avec l'essence de citron, de bergamote ou autre ; le mélange étant bien opéré, on le coule dans un moule où il restera pendant huit jours, on le coupe ensuite en petits pains carrés de la grandeur que l'on veut.

Composition de l'eau de Paris de M. Laugier.—8 litres esprit trois-six de Montpellier, très-fin ; 125 grammes eau de mélisse des Carmes ; 62 grammes essence de citron ; 62 grammes essence de Portugal ; 62 grammes essence de bergamote ; 16 grammes de néroli superfin ; 8 grammes essence de romarin. Mettez infuser ensuite toutes ces substances ; tenez le vase fermé dans un endroit chaud. Filtrez avec un entonnoir dont le dessus est fermé, et conservez cette eau en flacons.

Manière de faire l'extrait de Portugal.—La manière de faire cette eau de senteur est très-simple : il suffit d'ajouter dans de l'alcool très-pur de l'huile essentielle d'orange dite essence de Portugal ; on ajoute graduellement cette essence dans l'alcool jusqu'à ce qu'on ait obtenu le degré d'odeur qu'on désire ; on doit prendre de l'alcool à 36 degrés, et se procurer l'huile essentielle chez un bon droguiste, afin de l'avoir pure ; après ce mélange, si on laisse reposer dans un lieu chaud, pendant quelques semaines, les flacons bien bouchés, on aura un extrait aussi parfait que celui qu'on achète chez les parfumeurs.

Recettes de poudres dentifrices.

Au charbon.—31 grammes de charbon pulvérisé très-fin; 31 grammes de sucre en poudre, et trois gouttes d'huile essentielle de girofle ou de menthe. Mêlez le tout ensemble pour faire une poudre bien fine.

Autre avec charbon et au quinquina.—31 grammes de charbon pulvérisé, 31 grammes de quinquina rouge, 16 grammes de sucre et 4 gouttes d'huile volatile de menthe.

Recette d'un élixir de rose pour la bouche.—Prenez alcool, 1 litre et demi; clous de girofle, 4 grammes; cannelle de Ceylan, 93 grammes; gingembre, 16 grammes; essence de Portugal, 4 grammes; essence de menthe poivrée, 31 grammes; essence de roses, dissoute dans 31 grammes d'eau, 2/4 gramme.

Mélangez bien le tout; laissez infuser pendant 15 jours hermétiquement fermé, filtrez après ce temps dans un entonnoir fermé, et conservez en flacon.

Manière de faire des pastilles du sérail et colliers odorants.— On emploie à cet effet toutes les fleurs dont l'odeur est agréable, et en les pilant dans un mortier de fer, avec un peu d'amidon et de gomme arabique, on obtient une pâte noire. Lorsque ces pétales sont bien pilés, on en fait des balles ou perles à l'aide d'un moule ou en roulant entre deux doigts des parties de pâte.

Voici la manière dont on doit diriger cette opération :

On choisit 300 grammes de pétales de roses bien odorantes, et, si l'on peut s'en procurer, 31 gramm. de bois de rose en poudre, passée au tamis le plus fin; on pile les pétales et la poudre dans un mortier de fer avec un pilon de fer, et on ajoute 4 grammes de sulfate de fer en poudre. Lorsque les roses sont bien pilées et que la pâte est très-homogène, on ajoute : amidon en poudre, 62 gram.; gomme arabique, 16 grammes. On pile de nouveau le tout ensemble, et s'il est nécessaire on ajoute de l'eau ou de l'amidon, selon l'état de la pâte; on continue à la piler trois jours de suite au moins une heure chaque. Enfin, lorsque la pâte est douce, onctueuse et d'une bonne consistance, on en forme des pastilles dans des moules, ou de petites perles qu'on perce à l'aide d'une grosse épingle, lorsqu'elles sont encore humides.

Pastilles et colliers à différentes odeurs. — Lorsqu'on veut avoir un collier dont l'odeur soit composée, on prend partie égale de toute espèce de fleurs, telles que jasmin, rose, violette[1], réséda, fleurs d'oranger, etc.; puis 500 gram. de fleurs; on ajoute les doses des substances indiquées dans la recette précédente, et on manipule de la même manière.

Les pastilles obtenues à l'aide de pétales de fleurs seules ne jouissent pas long-temps et avec force de leur propriété odorante : aussi les Orientaux, avides d'odeurs pénétrantes, composent-ils autrement les pastilles du Sérail. Voici comment on opère.

---

[1] On peut remplacer l'odeur de violette par de l'iris en poudre impalpable, 31 grammes par demi kilog. de pétales.

4

On prend : musc, 2 milligram. ; ambre gris, 4 centigram. ; encens, 4 centigram. ; benjoin, 4 gram.; baume de la Mecque, 4 gram. ; poudre de sandal, 16 gram. ; poudre de bois de rose, 16 gram. ; poudre d'ambrette, 16 gram. ; poudre de cascarille, 16 gram. ; vétyver, 16 gram.; vanille de bonne qualité, une gousse et demie.

On arrose ces substances de quelques gouttes d'essence de néroli et de Portugal, et on ajoute encore quelques grains de camphre, si l'on ne craint pas cette odeur.

Toutes ces substances sont mises dans un mortier de marbre et pilées avec soin ; on arrose de temps en temps avec un peu d'alcool, afin de faciliter le mélange. Lorsque ces drogues sont bien triturées, on les jette dans le mortier de fer, dans lequel on a préalablement pilé 1 kilogr. 125 gram. de pétales de fleurs diverses, mêlées avec 4 gram. de sulfate de fer par 500 gram. de pétales, 62 gram. d'amidon et 16 gram. de gomme arabique. On continue à mêler trois jours en pilant les matières une heure chaque jour; on ajoute, s'il est urgent, de l'alcool pour aider au mélange des diverses substances, et si la masse n'est pas assez noire, le dernier jour on ajoute un peu de vinaigre pour pousser au noir.

Ces pâtes, qu'on peut varier à son goût, peuvent être préparées à toutes sortes d'odeurs ; il suffit de suivre la base de la méthode que nous venons d'indiquer. On les moule dans les formes gravées, de cuivre ou de corne ; ces moules représentent divers objets qui sortent en relief sur les pastilles, qui, lorsqu'elles sont faites avec soin, conservent très-long-temps leur odeur.

Si l'on voulait des pâtes de couleurs diverses, il suffit de piler les pétales avec un pilon de bois dans un mortier de marbre, en retranchant le sulfate de fer, puis on ajoute des couleurs en poudre selon les nuances qu'on recherche.

Lorsqu'on a fait des perles, si la pâte été bien pilée et bien comprimée au moule, on peut, lorsqu'elles sont sèches, les tourner comme les pois d'iris : ces pâtes deviennent alors très brillantes, surtout si on les frotte avec un peu d'huile d'olive. Ces colliers sont excellents pour placer dans des armoires. Ils donnent une odeur très-agréable au linge.

Lèvres. — Elles se gercent lorsqu'on les humecte de salive à chaque instant ; elles grossissent lorsqu'on prend la mauvaise habitude de les mordre ; c'est ce qui déforma la bouche de Mme de Pompadour.

Oreilles. — Elles sont ordinairement humectées de sueur le matin ; lorsqu'on se lève, il faut les essuyer avec soin, la répercussion pourrait causer des maux de dents et des névralgies. Il ne faut pas se curer les oreilles trop profondément, la présence du cérumen est nécessaire à l'ouïe, et l'on s'exposerait à déchirer la petite membrane mince qui est au fond du conduit. Les *cure-oreilles* doivent être bien arrondis, et en ivoire, en écaille ou en argent.

Mains. — Lavater dit que la main a une expression qui indique nos dispositions naturelles, nos actions et nos passions ; qu'il y a des mains spirituelles, des mains sottes et des mains engourdies.

Le meilleur moyen d'empêcher la *rougeur des mains* est de ne jamais porter de manches serrées surtout du poignet.

Le contact de l'eau bouillante et des corps durs épaissit la peau de la main ; les savons la maigrissent ; et s'ils sont rances, ils la font rougir.

Pour les mains, on doit toujours se servir de savons mêlés de farines quelconques, ou de pâte d'amandes très-fraîche, ou de semences de pavot blanc pulvérisées.

Les *ongles* des mains doivent être taillés en ovale ; lorsqu'ils ont été tachés par des noix ou des cerneaux, on les nettoie facilement avec du jus de citron, du verjus, ou de l'oseille.

On ne doit pas couper la peau qui entoure leur base, on la ferait croître davantage ; les personnes qui ne la coupent jamais et qui ne touchent pas à des substances pulvérulentes ou alcalines ont les ongles très-bien bordés. Il faut exciser avec soin les *envies*, et étendre sur la peau une pommade appelée *cold-cream*, ou un corps gras quelconque très-frais.

Les *verrues* déparent la plus jolie main ; on peut les faire disparaître en les coupant jusqu'à la racine, et en les touchant plusieurs fois par jour avec du suc de figuier ou du vinaigre fortement salé, ou du sel ammoniac un peu humecté. On s'en débarrasse aussi en les frictionnant plusieurs fois par jour avec un citron conservé dans du vinaigre.

Les frictions de sel ammoniac humecté de salive guérissent aussi les *engelures*; le *cold-créam*, la décoction de châtaignes, etc., produisent le même effet.

Pieds. — Les personnes qui cherchent à supprimer la transpiration des pieds en sont toujours punies par de graves maladies. La propreté et les lotions fréquentes sont les seuls moyens à employer. On peut en dire autant de la transpiration des aisselles.

Les *cors*, les *durillons* et les *oignons*, sont toujours causés par les frottements de la chaussure. Lorsqu'ils sont encore récents on peut les guérir en les ramollissant par un bain de cendres et en portant pendant quelques jours, sur l'endroit occupé par cette excroissance, une feuille de lierre, de joubarbe des toits, ou un peu de diachylon. Mais lorsqu'ils existent depuis longtemps, il faudrait ne pas marcher pendant quelques jours pour que le traitement pût réussir.

L'œil-de-perdrix existe ordinairement entre les doigts; il est la suite de la macération de la peau par la sueur des pieds; il faut, pour le guérir, prendre un bain de pieds à la suite duquel on enlèvera la peau morte; panser avec une pommade d'acétate de plomb ou de tannin, et rester quelques jours sans marcher ou du moins sans provoquer la sueur des pieds.

Ongles des pieds. — On peut les empêcher de se déformer et de blesser les doigts, en les coupant toujours carrément; mais si l'on est atteint déjà de cette infirmité, avoir soin d'amincir le milieu de l'ongle en le raclant avec un verre, et de l'entretenir toujours dans le même état; il se redressera peu à peu, et au bout de quelque temps ne gênera plus la marche.

Teinture des cheveux blancs en blond.— Décoction de rhubarbe dans du vin blanc.

Teinture en noir. — Jus de brou de noix vertes, 500 grammes; litharge, 90 grammes; mêler avec eau de lessive et laver les cheveux.

Autre. — Noix de Galles concassées, 500 grammes; faites cuire dans huile d'olives jusqu'à ce qu'elles soient ramollies; les sécher, pulvériser très-fin; ajoutez-y charbon de saule et sel commun à parties égales, un peu d'écorce d'oranges et de citrons; pulvérisez le tout, faites bouillir dans eau commune jusqu'à consistance d'onguent, employez pour oindre les cheveux, les sécher en les peignant; cela les fortifie en les colorant.

Autre. — Feuilles de noyer contuses dans un mortier avec autant d'huile d'olives. Mettre dans une bouteille, exposer au soleil pendant quelque temps, puis s'en servir pour oindre les cheveux.

On se sert encore, de la même manière, des feuilles de viorne, d'artichaut, de racines d'yeuse, de câprier, etc.

Pour arrêter la chute des cheveux.—Roses rouges, feuilles de lierre, balaustes, feuilles de saule et alun de roche, parties égales; faire bouillir dans eau de puits jusqu'à réduction de moitié; ajouter tuthie, encens, corail blanc pulvérisé, un peu de chaque : laver avec cette eau les cheveux.

Pour faire pousser les cheveux et poils. — Frotter les endroits chauves avec un oignon coupé par la moitié.

Autre. — Graisse de poule, huile de chanvre et miel, parties égales : faire bouillir lentement sur un feu doux, jusqu'à consistance d'onguent ; couper les cheveux ras, frotter la tête tous les jours ; puis après huit frictions, tous les deux jours seulement.

Autre. — Euphorbe et cresson, de chaque 2 grammes ; cire nouvelle, 7 grammes ; huile de laurier, 100 grammes ; mêlez, frottez-en la tête tous les jours, et tous les huit jours lavez la tête avec eau de lessive de cendres de sarment.

Épilatoire. — Humecter avec un lait de chaux la partie qu'on veut épiler ; au bout de quelques instants tous les poils se détacheront en essuyant la chaux.

Traces de petite-vérole et cicatrices de blessures. — Faire bouillir quatre cuillerées de graisse de porc dans plusieurs eaux, la mêler avec une cuillerée de suc de citron et une d'eau de plantain, toucher deux fois par jour les cicatrices avec le mélange.

Autre. — Fèves cuites dans du vinaigre et appliquées sur les cicatrices rougeâtres.

Lorsque les cicatrices sont saillantes, les exciser, y appliquer de la céruse ou de la litharge broyée avec de l'huile, puis des pommades acides.

Pour blanchir la peau hâlée ou brune. — Se laver avec eau distillée de fleur de sureau, de fenouil et de rue; ou bien décoction de semences de persil et d'ortie, et d'amandes de pêcher.

Autre. — Semences de raves ou de moutarde: broyer dans un mortier, avec miel et graisse de canard, parties égales pour faire une pommade.

Autre. — Blanc d'œuf et sucs de limons, parties égales : agitez et mêlez avec graisse de porc pour en faire une pommade.

Autre. — Oseille et graisse de porc.

Autre. — Huile d'amandes amères et verjus.

Autre. — Fiel de bœuf avec eau distillée de rave ou de moutarde.

Rougeur du visage. — Lotions avec eau de châtaignes.

Autre. — Onctions de pommade faites avec la pulpe de pomme et de la graisse.

Autre. — Laitue, nénuphar, blancs d'œufs, verjus et camphre, parties égales : broyer le tout ensemble.

Couperose. — Application de miel rouge et gomme; vapeurs émollientes, topiques émollients, puis se laver avec le mélange suivant : eau de rose, 500 grammes; camphre et soufre en poudre, 30 grammes de chaque; exposer la bouteille au soleil pendant quinze jours.

Boutons. — Humecter légèrement avec une solution de 20 centigrammes de sublimé dans une bouteille d'eau, ou application d'onguent mercuriel.

Autre. — Solution du sel de nitre, ou bien petit-lait en topique.

Pour faire disparaître les rides. — Poudre de myrrhe jetée sur une pelle rougie au feu, recevoir la vapeur sur le visage en se couvrant d'une serviette ; réitérer trois fois, faire chauffer de nouveau la pelle, puis l'arroser de vin blanc ; après en avoir pris une gorgée dans sa bouche, recevoir trois fois la vapeur du vin blanc. Faire cette cérémonie soir et matin pendant une quinzaine de jours de suite.

Pour faire disparaître les taches de rousseur et les taches brunes de la peau. — Les frictionner avec fiel de bœuf et sel marin, ou bien avec une orange coupée.

Autre. — Humecter les taches avec du suc de figuier, puis les saupoudrer avec des semences de chou en poudre très-fine : laisser sécher.

Autre. — Sel de nitre et galbanum dissous dans le vinaigre.

Autre. — Borax, sel commun et alun, de chaque 4 grammes ; six blancs d'œufs bien mêlés ; le suc de deux citrons : pulvérisez très-fin les trois premières substances, et cuisez lentement sur des cendres chaudes en remuant avec une spatule, jusqu'à ce que le mélange ait acquis la consistance d'une pâte. Elle blanchit la peau des mains, de la figure, du cou, etc.

Laits virginaux, enlevant les rougeurs et les boutons de la face.—Styrax et benjoin pulvérisé, 60 grammes de chaque; iris de Florence en poudre, 15 grammes; blanc de baleine, 4 grammes; musc, 15 centigrammes; esprit de vin, 1 kilogramme: laissez digérer sur des cendres chaudes pendant vingt-quatre heures, dans un vase fermé; décantez l'esprit de vin : on en met quelques gouttes dans un verre d'eau pour se laver la figure.

Sel de nitre dans un nouet de linge, le tremper dans une eau limpide, et humecter les rougeurs avec cette eau.

Lentilles. — Exposer les lentilles, à la vapeur d'eau, puis les humecter avec de la potasse, lait de figuier et miel, parties égales, ou suc de cresson et miel.

Blanc de fard.—Huile de ben, 125 grammes cire vierge, 30 grammes; sous-nitrate de bismuth, 10 grammes. On le délaie dans une eau distillée quelconque.

Autre.—Blanc de baleine, craie de Briançon, talc de Venise, et huile de ben.

Rouge.—Eau-de-vie, un demi-litre; benjoin, 15 grammes; santal rouge, 30 grammes; bois de Brésil, 15 grammes; alun de roche, 15 grammes. Boucher et remuer une fois par jour pendant une huitaine. On s'en frotte légèrement les joues.

Démangeaisons et dartres.—Soufre, térébenthine et vin rouge, 30 grammes de chaque; huile rosat, 125 grammes. Faire bouillir à petit feu jusqu'à dissolution.

Pour raffermir le ventre et les mamelles, et en effacer les rides.—Térébenthine, cire, blanc de baleine et huile fondus ensemble, appliqués aussi chauds que possible sur le ventre et recouverts d'un linge qui s'en humecte et reste à demeure pendant plusieurs jours : recommencer plusieurs fois la même opération.

Autre.—Percer une orange en plusieurs endroits, la faire cuire dans de l'huile d'olives ; en frotter les mamelles deux fois par jour, la chauffer chaque fois.

Autre. — Purée de lentilles et vinaigre, cuits ensemble

Autre. — Noix de Galles et encens pulvérisés ; de chaque, parties égales : vinaigre et eau de roses, parties égales : cuire ensemble jusqu'à ce que le mélange soit épais ; appliquer une couche très-mince.

Pour engraisser les membres amaigris (cuisses héronnières), roses rouges, absinthe, stœchas, cataire, marrube et gentiane ; de chaque une poignée. — Cuire le tout dans du vinaigre ; appliquer la décoction chaude sur le membre, et frictionner fortement.

Lorsqu'il sera bien rouge, appliquer l'emplâtre suivant : poix grecque et navale, de chaque 125 grammes ; térébenthine et onguent Canet, de chaque 60 grammes ; huile de sureau, 30 grammes ; huile d'euphorbe, 75 grammes ; semences de moutarde et de roquette, de chaque 4 grammes ; pulvériser et faire avec de la cire un emplâtre qu'on étendra sur de la toile: ôter l'emplâtre au bout de deux jours, et recommencer le tout.

Savon cosmétique. — Savon de Venise en poudre fine, 250 grammes; amandes de pêches et amandes amères, de chaque 30 grammes; faire une émulsion avec les amandes, et une quantité suffisante d'eau de roses, dans laquelle on ajoutera peu à peu, et en agitant toujours, le savon, de manière que le mélange sera tout entier converti en écume. Ajoutez: iris de Florence en poudre, racine d'arum en poudre, de chaque 36 grammes; potasse, 2 grammes; huile de roses, 8 gouttes; ambre gris et musc oriental, 25 centigrammes de chaque, dissous dans eau de roses: mêler le tout et diviser en magdaléons, que vous laisserez sécher à l'ombre.

Enflure des jambes. — Lorsqu'elle ne dépend pas d'une maladie interne, on peut y remédier en bandant la jambe tous les soirs pendant quelques jours, en commençant par le bout du pied, avec une bande imbibée de rhum.

Gants gras pour la nuit. — Laver des gants dans plusieurs eaux jusqu'à ce qu'elle sorte limpide; les sécher à l'ombre, les retourner le dedans dehors, les imbiber en entier de jaunes d'œufs, parfumer à une odeur quelconque, les laisser sécher lentement sur un papier, les retourner dans leur sens naturel et s'en servir.

Pour enlever les taches blanches des ongles. — Poix et myrrhe fondues ensemble et appliquées chaudes sur l'ongle.

Pour faire absorber le sang épanché sous l'ongle. — Plantain pilé avec un peu de sel, et appliqué comme cataplasme.

Ou bien : emplâtre diachylon ramolli avec un peu d'huile.

Pour empêcher les ongles de se fendre et de se dessécher. — Les frotter souvent avec une graisse quelconque, ou bien : résine, 15 grammes ; térébenthine, 8 grammes ; cire nouvelle et graisse de porc, 20 grammes ; encens, 6 grammes : faites fondre ensemble pour faire un emplâtre.

Gerçures des mammelons, des lèvres, des mains, de l'anus et des pieds. — Laver d'abord la partie malade avec une décoction de frai de grenouilles contenant 2 grammes de borax par 60 grammes ; puis étendre sur la gerçure un peu du composé suivant :

Cire blanche et blanc de baleine, de chaque 30 grammes ; eau de blancs d'œufs, 125 grammes. Faites fondre au bain-marie, dans un vase de terre ; couvrez le vase d'un linge fin et exposez-le ainsi à la rosée jusqu'à ce que le mélange soit devenu très-blanc. Il efface aussi les rougeurs et les cicatrices légères.

FIN.

TABLE

Des soins journaliers qu'exige l'entretien des dents, et de la nécessité de faire sentir de bonne heure leur importance aux jeunes gens.   12

Réfutation de l'opinion qui fait regarder comme dangereux l'emploi de la lime pour raccourcir des dents qui sont trop longues et séparer celles qui sont trop serrées.   21

Des moyens de faire cesser les douleurs des dents, et du charlatanisme que tant de gens emploient à cet égard.   27

De la composition de diverses préparations propres à calmer les douleurs des dents, à raffermir les gencives, et à tenir dans un état de propreté constant les différentes parties de la bouche.   36

Elixir propre à être employé le matin pour se rincer la bouche, avant et après l'emploi de la brosse et de la poudre dentifrice.   *ib.*

Elixir odontalgique.   37

Elixir propre à raffermir les gencives.   38

Pastilles pour la bouche.   41

Autres pastilles   *ib.*

Poudres dentifrices.   41-42

Opiats.   43

Recettes de parfumerie.   44

Recettes de poudres dentifrices.   48

FIN DE LA TABLE.

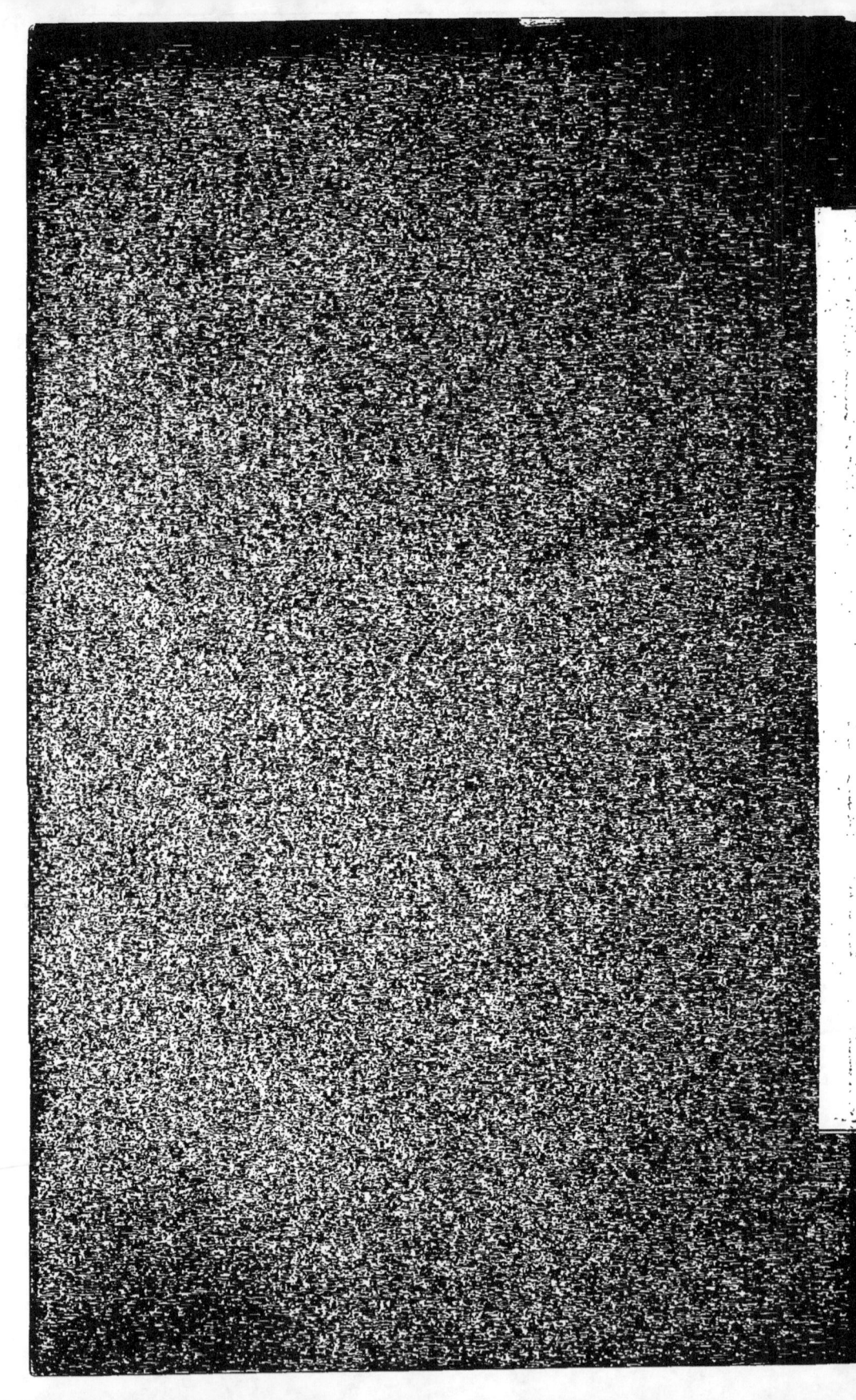

www.ingramcontent.com/pod-product-compliance
Lightning Source LLC
LaVergne TN
LVHW051509090426
835512LV00010B/2437